함께 부르는 떼제 찬양

Taizé

신앙과지성사

※ 떼제의 찬양은 모든 교회에서 같은 노랫말로 부르는 것이 마땅합니다. 한국교회의 사정상 일부 용어의 차이 때문에 이 책은 개신교용으로 출판합니다. 아직은 용어의 완전한 통일이 불가능해서 아쉽게도 따로 출판하지만 한국의 모든 그리스도인들이 장차 같은 말로 떼제의 찬양을 부를 수 있게 되기를 희망합니다. - 떼제공동체 -

책머리에

떼제의 형제들이 한국에 들어온 지 30년이 지났습니다. 그 사이 프랑스 떼제를 찾아가는 한국 순례자도 계속 늘었고, 한국 교회와 성도들 사이에 더 깊고 단순한 기도에 대한 열망도 커졌습니다. 이 노래책이 동시에 출간되는 「함께 드리는 떼제 기도」와 더불어 우리 교회의 예배와 영성을 더 풍성하게 하고, 갈라진 그리스도인들이 기도 안에서 화해와 일치를 이루는 데 이바지하기를 바라면서 도와주신 모든 분들께 감사드립니다.

떼제공동체

떼제는 로제 수사가 1940년 수도 공동체를 시작한 프랑스의 작은 마을입니다. 마을 이름을 딴 '떼제공동체'는 세계 25개국에서 온 형제들로 이루어집니다. 그들은 여러 개신교회와 가톨릭 출신으로, 일부는 떼제를 떠나 다른 대륙 가난한 지역에 삽니다. 1950년대 말부터 해를 거듭할수록 많은 젊은이들이 떼제를 찾아옵니다. 그들은 일주일 단위로 떼제에서 연중 계속 열리는 인터컨티넨탈 모임에 참가합니다. 세계 각지에서 계속되는 '신뢰의 순례'는 젊은이들이 일상 생활 안에서 평화와 화해의 누룩이 되도록 뒷받침합니다. 떼제 찬양은 여러 나라 말로 번역되어 세계 곳곳에서 불립니다.

(떼제공동체 홈페이지 www.taize.fr/ko)

떼제 찬양

떼제 찬양은 돌림노래, 합창곡, 응답송 등 다양한 형태로 만들어져 있습니다.

1. 합창곡: 이 가운데는 묵상적 분위기에 적합하게 조용히 부를 수 있는 곡들도 있고(예: 내 맘 속을 Jésus le Christ; 주님 사랑은 Ubi caritas Deus ibi est), 기쁨 속에서 찬양을 표현하는 곡들도 있습니다(예: 주 찬양하여라 Laudate Dominum). 회중은 보통 기본 멜로디로만 노래합니다. 합창단이 있는 경우 혹은 기타나 오르간 등 악기를 연주할 수 있는 경우 다른 파트가 자연적으로 커버됩니다. 그렇지만 어떤 파트를 노래할 수 있는 회중이 있다면 자연스럽게 부르도록 합니다(예: 항상 주님께 El Senyor; 오소서 성령이여 Tui amoris ignem). 두 마디나 네 마디로 된 아주 짧고 단순한 곡들은(예: 주님 우리 주 예수 O Christe Domine Jesu; 성령이여 오소서 Veni Sancte Spiritus) 회중이 4부로 노래하면 더 좋습니다. 이런 노래를 부를 때에는 너무 단순하게 반복되는 분위기가 되지 않도록 노래 도중에 적절히 강약을 주면서 진행하는 것이 좋습니다. 다양한 음성의 질이나 고음과 저음을 가진 여러 독창자들이 노래한다면 기도 분위기가 다채로워질 것입니다. 예를 들면 소프라노의 목소리를 가진 사람이 노래한 후 바리톤의 목소리를 가진 사람이 이어 노래하는 방법 등입니다. 상당수의 합창곡에는 독창자들을 위한 solo 곡이 작곡되어 있습니다. 이 책에는 Solo 곡들이 수록되어 있지 않습니다. 한국말은 아직 준비되지 않았지만, 이 solo 곡은 인터넷으로 구입할 수 있습니다.

2. 돌림노래: 같은 멜로디를 둘 혹은 그 이상의 그룹으로 나누어 부릅니다. 단순한 음악적 구성 때문에 사람들이 쉽게 노래할 수 있습니다. 돌림노래에는 도입 부분에 1, 2, 3……의 숫자가 표시되어 있습니다. 회중을 반반으로 나눈다든지 혹은 남자 여자로 나누어 부를 수 있으며 보통 두 그룹만으로 나누어 부르는 것이 좋으나 모임의 규모가 크고 합창단들이 참여하고 있는

경우 도입 부분을 더 많이 추가할 수 있습니다. 돌림노래는 박자와 속도를 정확하게 유지하는 것이 매우 중요합니다.

3. 응답송 : 할렐루야(Alleluia)나 자비송(Kyrie, Gospodi)처럼 독창자들이 노래할 때 회중이 허밍하면서 부르는 노래입니다. 회중이 악보에 나온 온음표나 겹온음표에 해당하는 음을 허밍으로 길게 늘려 부르는 동안 독창자들은 준비된 시편이나 중보기도를 그 음에 해당하는 화음 범위 내에서 자유스럽게 노래합니다. 곡의 마지막 부분에 표시되어 있는 작은 음표는 독창자들을 위한 멜로디로서 가사의 마지막을 그 멜로디에 맞추어 끝마침을 해주어야 합니다. 회중은 항상 독창자가 부르는 노래와 가사에 귀를 기울이면서 허밍을 해 주어야 합니다. 독창자가 없을 때는 시편이나 중보기도 부분을 낭독할 수도 있습니다. 또 회중의 수가 적을 때는 허밍 없이 그냥 멜로디 부분만 노래하는 것이 낫습니다.
할렐루야의 후렴에 맞추어 부를 수 있는 가사는 시편에서 좋은 구절을 선택하면 됩니다. 자비송(Kyrie, Gospodi)을 후렴으로 할 때는 주님께 드리는 기도를 짧고 간결한 가사로 만듭니다.

이 책에 실린 노래의 우리말 가사는 본래 가사의 뜻을 살리려고 최대한 노력했지만 그대로 옮긴 것은 아니며 일부는 다소 다른 내용도 있음을 밝힙니다. 이 책에 실린 노래는 모두 한국말로 부를 수 있지만, 영어 노래의 경우 그 어감을 살려 영어로 불러도 됩니다. 또 외국인들이 참석하는 국제적인 기도회나 예배 때는 한국말 가사 아래에 실린 원래 가사로 부르면 더 좋습니다.

떼제 찬양 배우기 : 떼제 홈페이지(www.taize.fr/ko)에는 노래 배우기 항목이 있습니다. 이 책에 실린 노래의 원제목이 알파벳 순서로 배열되어 있고, 소프라노 알토 테너 베이스 등 성부별로 또는 합창용으로 클릭해서 들으면서 배울 수 있고, 기타 반주도 들으며 연습할 수 있도록 실려 있습니다.

떼제 찬양을 부를 때
유의할 사항

노래를 준비없이 그냥 시작하다 보면 음을 너무 낮게 잡을 우려가 있습니다. 그래서 소리굽쇠(디아파손), 기타 또는 플루트 등으로 첫 음을 잡으면 정확하게 노래를 시작할 수 있습니다. 플루트, 오르간, 기타 등으로 기본 멜로디를 계속 연주하든지, 간단히 첫 몇 음 정도만 연주해 줄 수 있습니다. 그러면 회중은 악기 소리의 도움을 받아 노래를 동시에 시작할 수 있습니다. 노래를 부르는 동안 템포가 빨라지거나 느려지지 않도록 노래를 인도하는 사람은 주의를 기울여야 합니다.

차례

책머리에 ······································· 3
떼제공동체 ···································· 3
떼제 찬양 ······································ 4
떼제 찬양을 부를 때 유의할 사항 ··· 6

1. 어두운 맘 속에 Dans nos obscurités ······· 11
2. 주님의 날 Wait for the Lord ··············· 12
3. 나와 함께 Bleibet hier ······················ 12
4. 주님 사랑은 Ubi caritas Deus ibi est ······· 13
5. 찬미하여라 Bless the Lord ·················· 13
6. 영광 영광 Gloria … et in terra pax(canon) · 14
7. 주님을 기다리며 Notre âme attend ········· 14
8. 주님은 빛이시니 C'est toi ma lampe, Seigneur · 15
9. 내 맘 속을 Jésus le Christ ··················· 16
10. 주 찬양하여라 Laudate Dominum ········· 17
11. 우리는 예수를 Oculi nostri ················· 17

12. 위로자신 성령이여 Veni Creator(litany) ··· 18
13. 생명의 샘물 De noche ······················· 18
14. 사랑의 나눔 Ubi caritas ····················· 19
15. 오소서 성령이여 Tui amoris ignem ········ 19
16. 주님 찬양하라 Bénissez le Seigneur ······· 20
17. 항상 주님께 El Senyor ······················· 21
18. 주를 찬미하나이다 Confitemini Domino ·· 22
19. 주님의 평화 Christe Salvator ················ 22
20. 내 영혼이 Magnificat(canon) ················ 23
21. 주를 경배하오며 Adoramus te Christe ···· 24
22. 창조자이신 성령이여 Veni Creator(canon) · 25
23. 주님을 찬양하라 Laudate omnes gentes ··· 25
24. 주께 마음 드높여 Singt dem Herrn ······· 26
25. 어둠도 주님 앞에 La ténèbre ·············· 27
26. 하늘에는 영광이요 Gloria, gloria(canon) ·· 28
27. 온 땅아 주께 Jubilate, Alleluia ·············· 28

28. 오 주여 Ostende nobis (canon) ··· 29	46. 주의 십자가를 Crucem tuam ··· 41
29. 아버지 당신 손에 In manus tuas, Pater ··· 30	47. 주께서 부활하셨네 Surrexit Dominus vere (canon) ··· 41
30. 주를 찬양하라 Jubilate Deo (canon) ··· 30	48. 두려워 말라 Nada te turbe ··· 42
31. 내 영혼은 평안하다 Mon âme se repose ··· 31	49. 성령이여 오소서 Veni Sancte Spiritus ··· 43
32. 주여 말씀하신 대로 Nunc dimittis ··· 32	50. 주여 평화를 주소서 Dona la pace Signore ··· 43
33. 우리와 함께 Mane nobiscum ··· 32	51. 생명의 샘물 Toi, tu nous aimes ··· 44
34. 주의 손에 오늘도 Bonum est confidere ··· 33	52. 평화를 주소서 Da pacem cordium (canon) ··· 44
35. 사랑의 주 예수 Spiritus Jesu Christi ··· 33	53. 임하소서 사랑의 주여 Vieni Spirito creatore ··· 45
36. 주여, 주 예수여 Jesus, remember me ··· 34	54. 거룩하신 하나님 Sanctum nomen Domini ··· 45
37. 찬미의 노래 Psallite Deo ··· 35	55. 주님의 자비를 영원히 Misericordias Domini ··· 46
38. 주 예수 부활 Surrexit Christus ··· 35	56. 즐거이 형제자매 모여서 Venite, exultemus Domino ··· 46
39. 자비하신 성령 Tu sei sorgente viva ··· 36	57. 주님 우리 주 예수 O Christe Domine Jesu ··· 47
40. 내 영혼이 Magnificat (choral) ··· 37	58. 우리 맘에 평화 Dona nobis pacem ··· 47
41. 평화를 주소서 Da pacem … in diebus (canon) ··· 37	59. 주를 찬양하라 Jubilate cœli (canon) ··· 48
42. 임하소서 성령이여 Veni lumen (choral) ··· 38	60. 목마른 이들 Let all who are thirsty come ··· 49
43. 주를 찬양하나이다 Adoramus te O Christe ··· 38	61. 할렐루야 4 ··· 50
44. 주님 부활하셨네 Christus resurrexit ··· 39	62. 할렐루야 7 ··· 50
45. 영원하신 주 찬양하라 Benedictus Dominus Deus ··· 40	63. 할렐루야 8 ··· 51

64. 할렐루야 11 ·········· 51	82. Kyrie 19 ·········· 60
65. 할렐루야 10 ·········· 52	83. Kyrie 20 ·········· 61
66. 할렐루야 16 ·········· 53	84. Kyrie 21 ·········· 61
67. 할렐루야 17 ·········· 53	85. Gospodi A ·········· 62
68. 할렐루야 18 ·········· 54	86. Gospodi B ·········· 62
69. 할렐루야 20 ·········· 54	87. Gospodi C ·········· 62
70. 할렐루야 21 ·········· 55	88. Gospodi D ·········· 63
71. 할렐루야 22 ·········· 55	89. Gospodi E ·········· 63
72. Kyrie 1 ·········· 56	90. Gospodi F ·········· 63
73. Kyrie 5 ·········· 56	91. 인자하신 주님 Rendez grâce au Seigneur ·········· 64
74. Kyrie 6 ·········· 57	92. 주님은 사랑 Bóg jest miłością ·········· 65
75. Kyrie 8 ·········· 57	93. 가난한 이 복되다 Beati voi poveri ·········· 65
76. Kyrie 9 ·········· 58	94. 주님 나라는 The kingdom of God ·········· 66
77. Kyrie 10 ·········· 58	95. 예수 만민의 구원자 Jesu redemptor ·········· 67
78. Kyrie 12 ·········· 59	96. 어둠 권세 Nebojte se ·········· 67
79. Kyrie 13 ·········· 59	97. 온 세상 만물들아 기뻐하라 In resurrectione tua ·········· 68
80. Kyrie 17 ·········· 60	98. 주님 내 맘에 Kristus, din Ande ·········· 69
81. Kyrie 18 ·········· 60	99. 내 혼에 새 힘 주신 El alma que anda en amor ·········· 69

100. 부활하신 주님 Wysławiajcie Pana ·················· 70
101. 하늘과 땅 지으신 L'ajuda em vindrà ··············· 71
102. 새로운 노래로 주 찬양하라 Cantate Domino canticum novum ··· 71
103. 나는 주님의 인자하심을 I am sure I shall see ········ 72
104. 이 내 한평생 주님 Cantarei ao Senhor ············· 73
105. 영혼의 귀한 손님 Dominus Spiritus est ············ 73
106. 내 영 돌보시는 주님 Seigneur, tu gardes mon âme ····· 74
107. 평화 평화 Frieden, Frieden ······················ 75
108. 주님 당신은 제 맘을 Viešpatie, tu viską Žinai ······ 76
109. 주 말씀은 등불 Sanasi on lamppu ················· 76
110. 주님의 손길 Behüte mich, Gott ··················· 77
111. 내 맘과 생각 당신께 이끄소서 Aber du weißt den Weg für mich ··· 78
112. 거룩한 주 이름 Sit nomen Domini ················· 79
113. 주님 너를 고치시며 Il Signore ti ristora ··········· 79
114. 우리 곁에 머무소서 Bleib mit deiner Gnade ········· 80
115. 사랑의 나눔 ····································· 80
116. 내 기도 들어주소서 주여 Exaudi orationem meam ····· 81
117. 두려워 말라, 주 계시니 Fiez-vous en Lui ··········· 82
118. 이 빵을 먹으라 Jesus Christ bread of life - Eat this bread ··· 83
119. 저 너머 계신 당신 Ô toi l'au-delà de tout ········· 84
120. 하늘아 땅아 Laetentur cœli ······················ 85
121. 밤마다 당신 그리는 이 마음 Iedere nacht verlang ik ··· 86
122. 밀알 하나가 ····································· 86
123. 내 혼아 주 안에 쉬어라 Retourne, mon âme, à ton repos ··· 87

떼제공동체의 예배 ··································· 88

찾아보기(가나다순) ···································· 98
찾아보기(abc순) ····································· 100

1 어두운 맘 속에

Dans nos obscurités

2 주님의 날 시편 27:14 참조   Wait for the Lord

3 나와 함께 마태 26:38   Bleibet hier

4 주님 사랑은

Ubi caritas Deus ibi est

5 찬미하여라 시편 103:1~4 참조

Bless the Lord

6 영광 영광
Gloria …
et in terra pax
(canon)
누가 2:14

7 주님을 기다리며
Notre âme attend
시편 33:20~21

8 주님은 빛이시니 시편 18:29

C'est toi ma lampe, Seigneur

9 내 맘 속을

Jésus le Christ

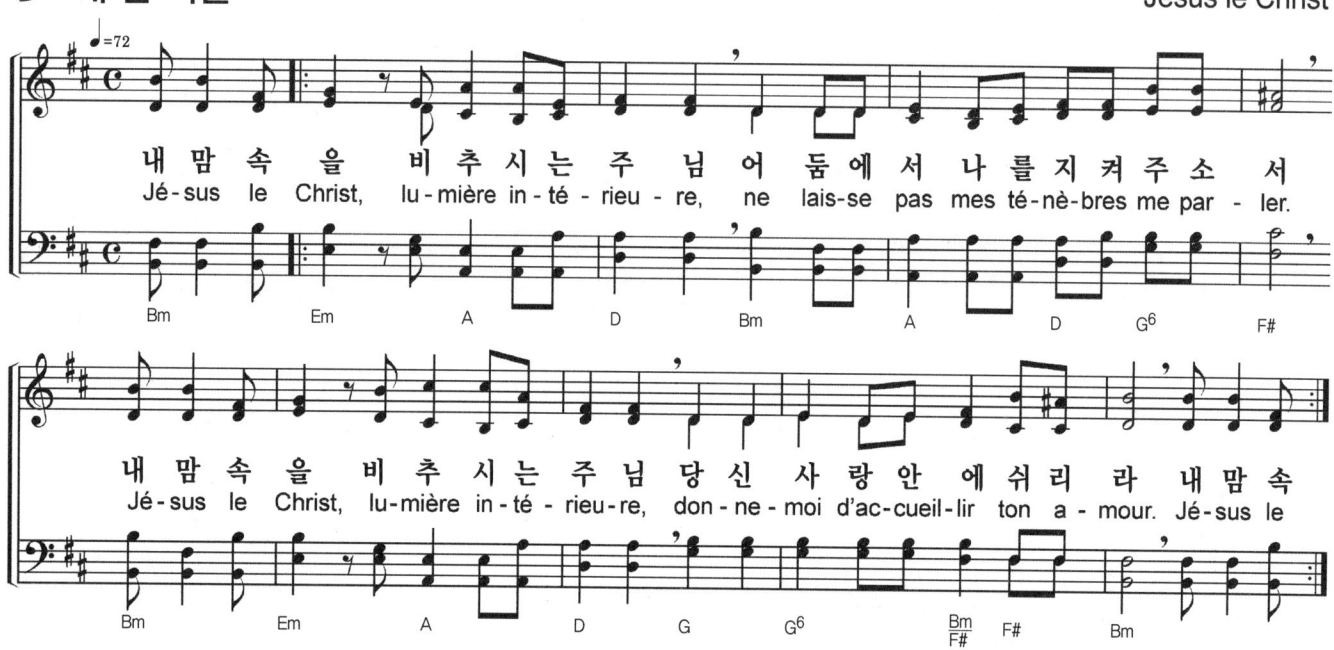

10 주 찬양하여라 시편 117:1 　　　　　　　　　　　　　　　　　　Laudate Dominum

11 우리는 예수를 시편 123:2 참조　　　　　　　　　　　　　　　　Oculi nostri

12 위로자신 성령이여
Veni Creator (litany)

13 생명의 샘물
De noche

14 사랑의 나눔
Ubi caritas

15 오소서 성령이여
Tui amoris ignem

16 주님 찬양하라

Bénissez le Seigneur

17 항상 주님께 <small>이사야 12:2 참조</small>

El Senyor

18 주를 찬미하나이다 시편 136:1　　　　　　　　　　Confitemini Domino

19 주님의 평화
Christe Salvator

20 내 영혼이 누가 1:46

Magnificat (canon)

① 내 영혼이 내 영혼이 주님을찬양하며 기뻐합니다
Ma-gni-fi-cat, ma-gni-fi-cat, ma-gni-fi-cat a-ni-ma me-a Do-mi-num.

내 영 혼 이 내 영 — 혼 이
Ma — gni — fi — cat, ma — gni — — fi — cat,

③ 내 영혼이 내 영혼이 주님을찬-양합니다
Ma-gni-fi-cat, ma-gni-fi-cat, ma-gni-fi-cat a-ni-ma me-a!

주님을찬-양-합니다 주님을찬-양-합-니다
a-ni-ma me-a Do-mi-num, a-ni-ma me-a Do-mi-num.

21 주를 경배하오며

Adoramus te Christe

22 창조자이신 성령이여

Veni Creator (canon)

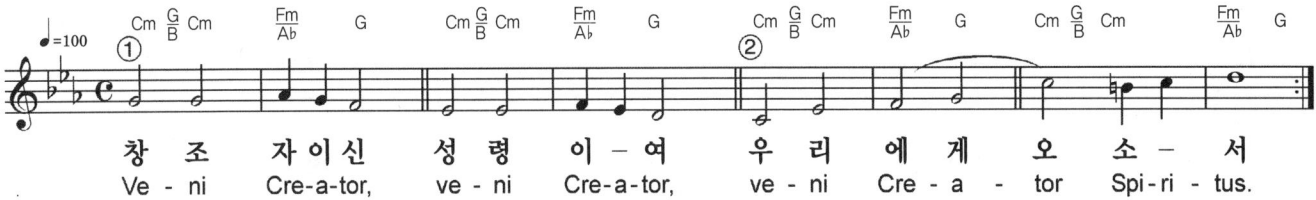

23 주님을 찬양하라 시편 117편

Laudate omnes gentes

24 주께 마음 드높여 시편 96:1

Singt dem Herrn

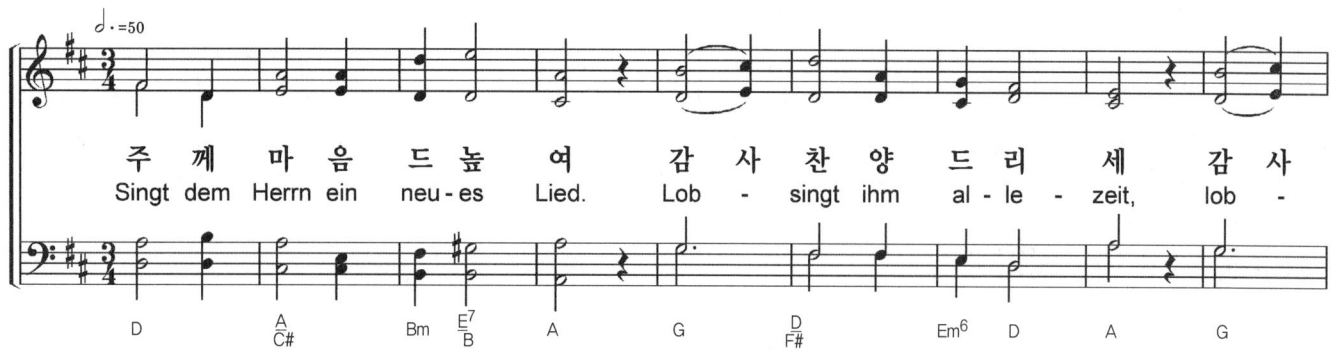

25 어둠도 주님 앞에 시편 139:12 La ténèbre

26 하늘에는 영광이요 누가 2:14   Gloria, gloria (canon)

27 온 땅아 주께 시편 66:1   Jubilate, Alleluia

28 오 주여

Ostende nobis (canon)

29 아버지 당신 손에
In manus tuas, Pater
누가 23:46

30 주를 찬양하라
시편 66:1

Jubilate Deo (canon)

31 내 영혼은 평안하다 시편 62:2

Mon âme se repose

32 주여 말씀하신 대로 _{누가 2:29}

Nunc dimittis

33 우리와 함께
Mane nobiscum
누가 24:29

34 주의 손에 오늘도 시편 117:8~9 참조

Bonum est confidere

35 사랑의 주 예수

Spiritus Jesu Christi

36 주여, 주 예수여 누가 23:42

Jesus, remember me

37 찬미의 노래 <small>시편 47:7</small> — Psallite Deo

38 주 예수 부활 — Surrexit Christus

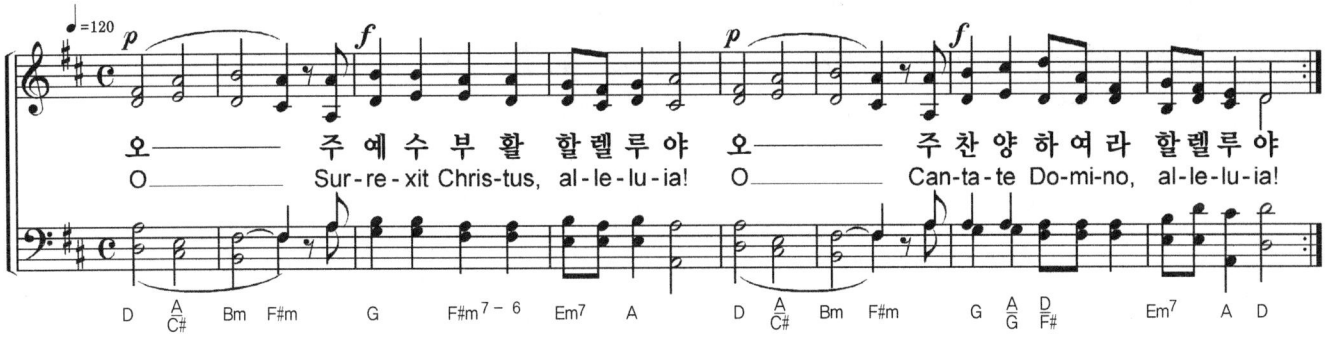

39 자비하신 성령

Tu sei sorgente viva

40 내 영혼이
Magnificat (choral)
누가 1:46

41 평화를 주소서
Da pacem ... in diebus (canon)

42 임하소서 성령이여

Veni lumen (choral)

43 주를 찬양하나이다
Adoramus te O Christe

44 주님 부활하셨네

Christus resurrexit

45 영원하신 주 찬양하라 누가 1:68　　　　　　　　Benedictus Dominus Deus

46 주의 십자가를

Crucem tuam

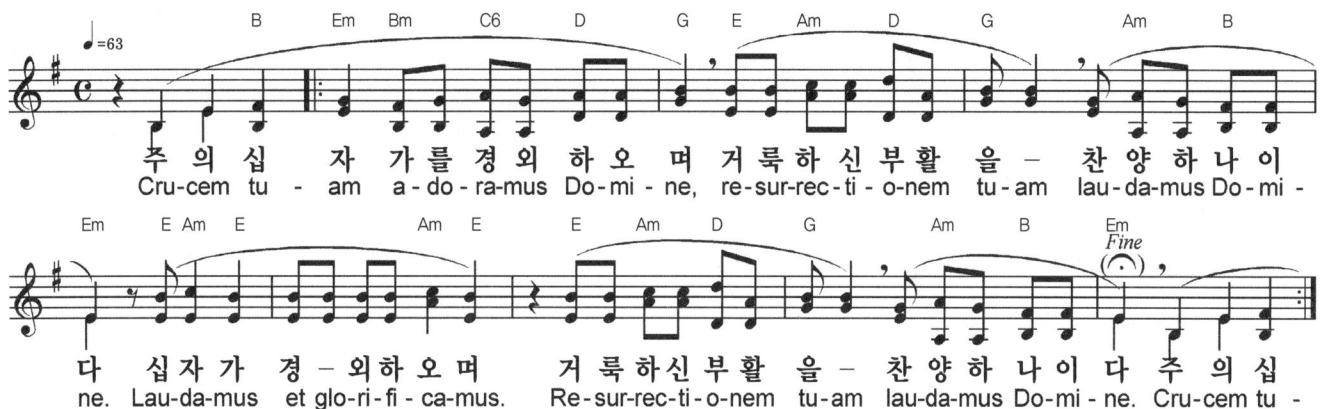

47 주께서 부활하셨네
Surrexit Dominus vere (canon)

누가 24:34

48 두려워 말라 아빌라의 테레사

Nada te turbe

49 성령이여 오소서
Veni Sancte Spiritus

50 주여 평화를 주소서
Dona la pace Signore

51 생명의 샘물

Toi, tu nous aimes

52 평화를 주소서

Da pacem cordium (canon)

53 임하소서 사랑의 주여

Vieni Spirito creatore (canon)

54 거룩하신 하나님

Sanctum nomen Domini

55 주님의 자비를 영원히 시편 89:2 — Misericordias Domini

56 즐거이 형제자매 모여서 시편 95:1, 6 — Venite, exultemus Domino

57 주님 우리 주 예수

O Christe Domine Jesu

58 우리 맘에 평화

Dona nobis pacem

59 주를 찬양하라

Jubilate cœli (canon)

60 목마른 이들 계시록 22:17b, 20b

Let all who are thirsty come

61 할렐루야 4 — Alleluia 4 (refrain)

62 할렐루야 7 — Alleluia 7 (refrain)

63 할렐루야 8 — Alleluia 8 (refrain)

64 할렐루야 11 — Alleluia 11 (refrain)

65 할렐루야 10

Alleluia 10 (refrain)

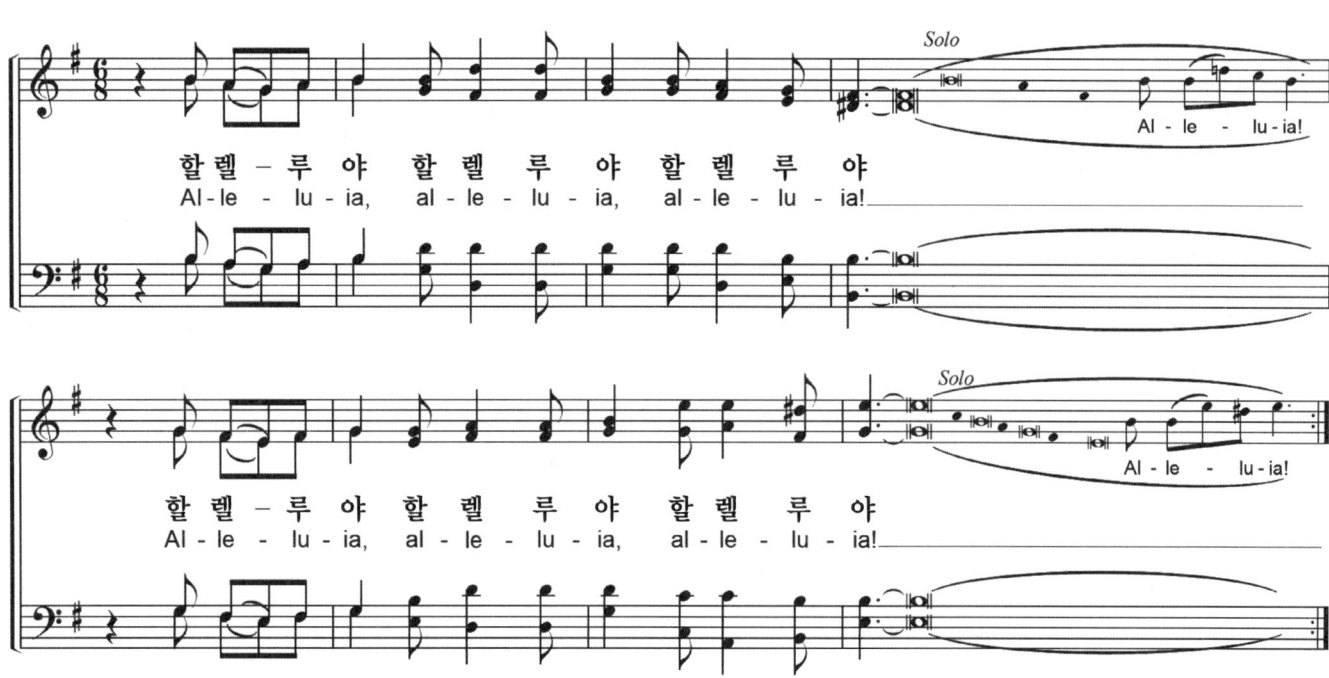

66 할렐루야 16 — Alleluia 16 (refrain)

67 할렐루야 17 — Alleluia 17 (refrain)

68 할렐루야 18   Alleluia 18 (refrain)

69 할렐루야 20   Alleluia 20 (refrain)

70 할렐루야 21 — Alleluia 21 (refrain)

71 할렐루야 22 — Alleluia 22 (refrain)

72 Kyrie 1

73 Kyrie 5

74 Kyrie 6

75 Kyrie 8

76 Kyrie 9

77 Kyrie 10

78 Kyrie 12

79 Kyrie 13

80 Kyrie 17

81 Kyrie 18

82 Kyrie 19

83 Kyrie 20

84 Kyrie 21

* 이 자비송들은 원어로 "키리에 엘레이손" 하고 불러도 좋다. 뜻은 "주여, 우리를 불쌍히 여기소서" 혹은 "주여, 우리에게 자비를 베푸소서"이다.

85 Gospodi A

86 Gospodi B

87 Gospodi C

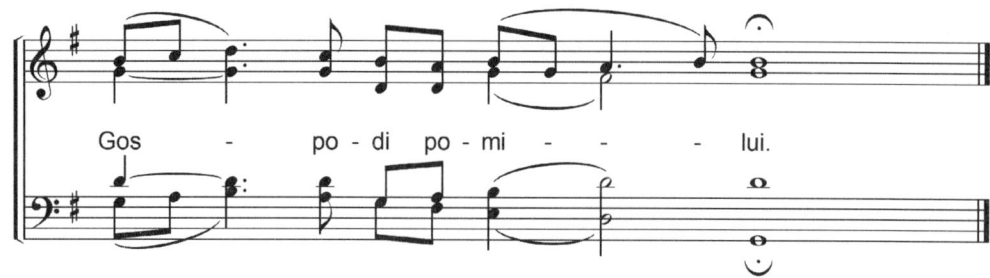

* 키리에와 같은 자비송 "Gospodi pomilui"는 발음 그대로 부르는 것도 좋다. 뜻은 "주여, 우리를 불쌍히 여기소서" 혹은 "주여, 우리에게 자비를 베푸소서"이다.

92 주님은 사랑
Bóg jest miłością

93 가난한 이 복되다
Beati voi poveri

94 주님 나라는 로마서 14:17 참조   The kingdom of God

95 예수 만민의 구원자

Jesu redemptor

96 어둠 권세

Nebojte se

97 온 세상 만물들아 기뻐하라

In resurrectione tua

98 주님 내 맘에

Kristus, din Ande

99 내 혼에 새 힘 주신

El alma que anda en amor

100 부활하신 주님 — Wysławiajcie Pana

103 나는 주님의 인자하심을 시편 27:13~14

I am sure I shall see

106 내 영 돌보시는 주님 <small>시편 139:23~24 참조</small>   Seigneur, tu gardes mon âme

107 평화 평화   _{요한 14:27}   Frieden, Frieden

108 주님 당신은 제 맘을 요한 21:17

Viešpatie, tu viską Žinai

109 주 말씀은 등불 시편 119:105

Sanasi on lamppu

110 주님의 손길 시편 16:1, 11 — Behüte mich, Gott

112 거룩한 주 이름 시편 113:2 — Sit nomen Domini

113 주님 너를 고치시며 밀라노의 암브로시우스 — Il Signore ti ristora

114 우리 곁에 머무소서
Bleib mit deiner Gnade

누가 24:29 참조

115 사랑의 나눔

116 내 기도 들어주소서 주여 시편 102:2, 13 — Exaudi orationem meam

117 두려워 말라, 주 계시니 빌립보 4:6~7

Fiez-vous en Lui

두려워말라 주 계시니 주님 평화 너희 맘 속에 두려워말라 할렐루-야 할렐루-야

Fi-ez-vous en Lui, ne craig-nez pas. La paix de Dieu gar-de-ra vos cœurs. Fi-ez-vous en Lui. Al-le-lu-ia, al-le-lu-ia!

118 이 빵을 먹으라

Jesus Christ bread of life - Eat this bread

119 저 너머 계신 당신
나지안주스의 그레고리우스

Ô toi l'au-delà de tout

저 너 머 계신 당신 아무도 알 수 없어 숨 쉬는 모 든 만 물 이 애타게 주를 그리나이다 저
Ô toi, l'au-de-là de tout, quel es-prit peut te sai-sir? Tous les ê-tres te cé-lè-brent, le dé-sir de tous a-spi-re vers toi. Ô

120 하늘아 땅아 시편 96:11, 13　　Laetentur cœli

121 밤마다 당신 그리는 이 마음 이사야 26:9a

Iedere nacht verlang ik

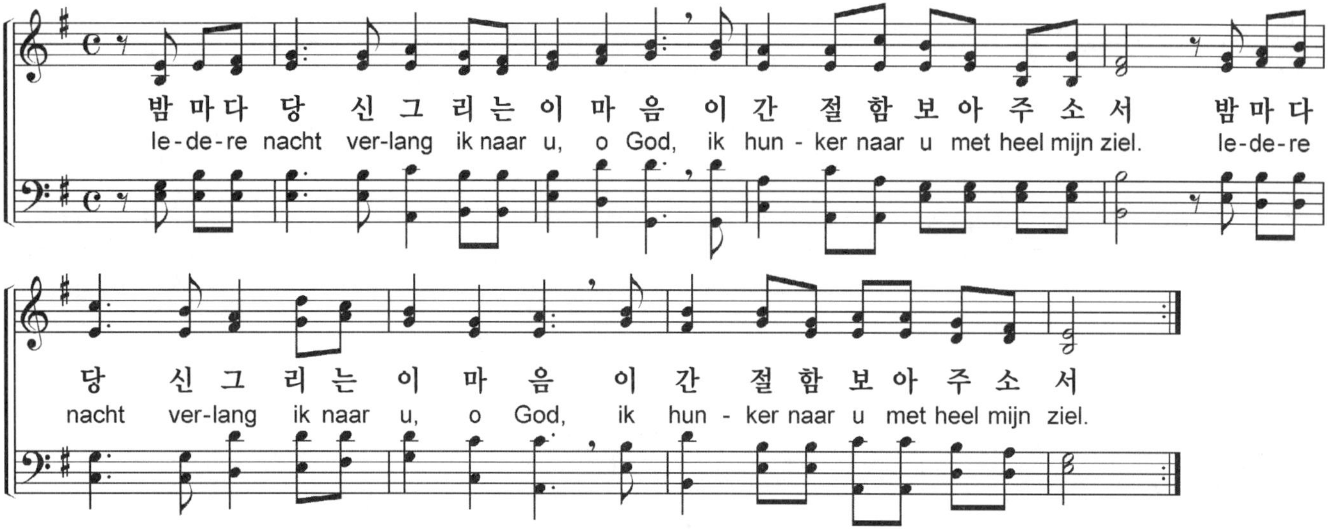
밤 마 다 당 신 그 리 는 이 마 음 이 간 절 함 보 아 주 소 서 밤 마 다
Ie-de-re nacht ver-lang ik naar u, o God, ik hun - ker naar u met heel mijn ziel. Ie-de-re
당 신 그 리 는 이 마 음 이 간 절 함 보 아 주 소 서
nacht ver-lang ik naar u, o God, ik hun - ker naar u met heel mijn ziel.

122 밀알 하나가

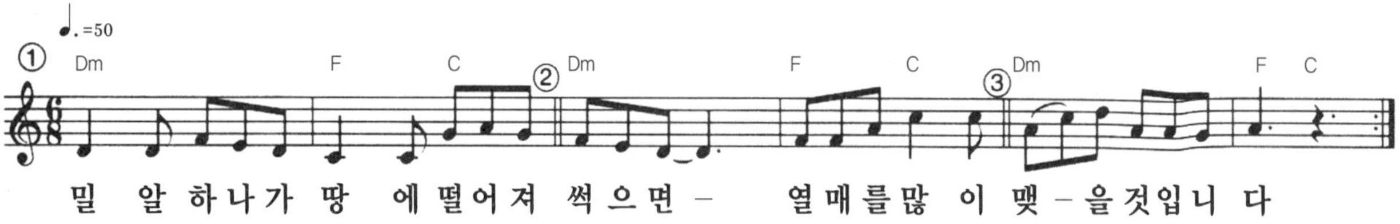
♩.=50
①
Dm
F
C
②
Dm
F
C
③
Dm
F C
밀 알 하 나 가 땅 에 떨 어 져 썩 으 면 – 열 매 를 많 이 맺 – 을 것 입 니 다

떼제공동체의 예배

들어가는 말

에큐메니칼 국제 수도 공동체가 자리한 프랑스 동부의 작은 마을 떼제에는 세계 각지에서 연중 수만 명의 젊은이들이 찾아온다. 대개 1주일 혹은 긴 주말을 머물고 떠나는데, 떼제에서 제일 소중한 체험이 무엇이었나 물으면 십중팔구는 "공동기도와 침묵"이라고 답한다. 1970년대 이후 서구의 세속화가 가속화되면서 많은 이들이 교회의 공동기도(예배)로부터 멀어졌다. 그런데 떼제의 기도는 무엇 때문에 사람들을 끌어모으는 것일까?

이 물음에 한마디로 답할 수는 없지만, 하나님을 갈망하는 많은 사람들이 공동체의 형제들과 함께 드리는 예배에서 그분의 임재를 체험하는 것은 사실이다.

떼제의 예배 방식은 전통적인 수도원의 기도에 뿌리를 두고 현대인에 맞게 조금 단순화한 것이다. 그것은 떼제공동체가 수많은 젊은이들을 맞이하면서 그들이 기도의 깊은 맛을 발견하고 함께 기도할 수 있도록 도우려는 목회적 배려에서 발전했다. 떼제의 예배에서는 시편과 성경 말씀, 중보기도와 주기도문 그리고 여러 곡의 찬양이 물흐르듯 이어진다. 그 한복판에 긴 침묵의 시간이 있다는 것이 특징이다.

1980년대 이후로 유럽과 북미, 호주의 개신교나 가톨릭 교회에서는 주일 예배나 미사 때도 떼제의 노래를 사용하고 있다. 크고 작은 규모의 신앙 집회, 수련회 등에서 떼제 방식의 기도를 드리는 것은 더 흔히 볼 수 있다. 특별히 여러 나라 사람들이 함께 모인 경우, 떼제의 노래는 언어가 다른 이들을 기도 안에서 하나로 모아주는 독특한 매력이 있다.

하지만 떼제공동체는 고정된 예배 형식을 만들려고 하지도 않았고 현재의 형태를 불변의 것으로 고집하지도 않는다. 떼제 공동체의 형제(수사)들이 주관하는 예배의 경우, 참가 인원이나 예배의 장소, 시간에 따라서 차이가 있겠지만 본질적인 면은 마찬가지다. 떼제의 예배에서는 무엇이 중시되는가?

거룩함과 내면성 (그리고 신비)

오늘날 많은 이들은 하나님에 대한 배고픔과 목마름을 간직하고 있다. 믿음을 갖지 않고 그리스도를 아직 모르는 사람, 심지어 무신자로 자처하는 사람조차도 삶의 의미 혹은 어떤 절대적인 것에 대한 갈망을 지니고 있다. 스스로도 그 사실을 모르거나 쉬이 인정하지 않는 경우에도 그렇다. 인간 누구나가 가진 이 갈망은 거룩한 장소나 시간, 분위기를 접할 때 더욱 고조된다.

예배는 신도들의 집회이기도 하지만 무엇보다 하나님을 찬양하고 하나님의 임재 안에 머무는 시간이다. 거룩하신 하나님을 만나는 시간과 장소는 보통 일상의 그것과는 당연히 구별된다. 거룩함과 내면성이야말로 예배의 시간과 장소를 다른 집회나 모임의 그것과 구별하는 척도이다. 모세가 불떨기를 보았을때 그는 신발을 벗어야 했다. 기도와 예배는 시간과 공간 안에 사는 우리 인간이 보이지 않는 하나님을 만나는 장이다. 이 만남은 우리의 깊은 내면에서 이루어진다.

우리의 하나님은 초월적인 분이시지만 자신의 초월성조차 초월하여 인간의 혈육을 취하시고 인간 가운데 오신 분이다. 그래서 우리는 어디서나 그분을 만날 수 있고 그분께 예배드릴 수 있다. 하지만 바쁜 일상을 사는 우리는 여전히 안팎의 소리에 쉽게 흔들리고 주님께 온전히 자신을 열어드리기 어려운 것도 사실이다. 그래서 예배 때에는 거룩함과 내면성으로 이끌 수 있도록 세심한 준비가 필요한 것이다. 가정집의 응접실이나 사무실, 강의실이나 강당, 운동장 같은 곳에서 예배를 드릴 경우에는 더욱 그러하다. 그렇다고 대단히 많은 장식을 해야 하는 것도 아니다. 경우에 따라서는 탁자에 천을 덮고 그 위에 성경을 펼치고 촛불을 켜기만 해도 거룩함을 상기시키고 마음을 가라앉힐 수 있다.

예수께서는 바쁜 전도 활동 중에도 때때로 외딴 곳으로 가셔서 혼자 기도하셨다. 하나님 아버지와 내밀한 친교를 나누신 것이다. 그분은 기도할 때면 "골방에 들어가 문을 닫고서, 숨어서 계시는 네 아버지께 기도하여라"(마 6:6)고 가르치셨다. 예수께서 말씀하시는 골방은 우리 내면의 방을 가리키는 것이다. 우리 자신보다 우리를 더 잘 아시는 하나님께서 우리를 기다리시는 마음의 심연, 그 깊은 곳에서 주님을 바라보라는 말씀이다. 우리가 모여서 함께 드리는 공동기도, 곧 예배에서도 이 내면성은 중시되어야 하고 전 인격이 동원된 기도가 되어야 한다. 음악성이 뛰어나더라도 온 마음으로 기도하지 않는다면 예배로서는 부족하다.

거룩함과 내면성은 밀접한 관련이 있다. 하지만 기도 안에서 하나님의 임재와 그분의 손길을 체험하는 것은 우리가 연출해 내는 것이 아니라 성령의 선물이다. 하나님의 신비는 모두 설명되거나 이해되는 것은 아니다. 예배도 마찬가지다. 여백이 필요하다. 우리의 가난한 기도 안에서도 하나님은 우리를 찾아오신다. 우리가 드리는 기도와 예배 안에서 결국은 우리가 아닌 주님이 역사하시는 것이다.

이와 곁들여 떼제의 예배에서 침묵은 빼놓을 수 없는 요소이다. 예배 한가운데, 성경 말씀을 읽고 묵상노래를 부른 다음 한참 동안(보통 7~8분가량) 침묵한다. 고요함 가운데 성령께서 우리 마음의 심연을 움직이시도록 맡겨드리는 것이다.

침묵의 가치

한국의 예배와 기도 문화에서 침묵은 쉽지 않은 것이 사실이다. 열정적이긴 하지만 많은 말로 가득 찬 예배에 젖어 있는 한국 개신교회에서 침묵의 가치를 발견한다면 예배와 기도를 더 새롭고 풍성히 하는 계기가 되리라 본다.

시편 65편의 첫 구절은 흔히 "하나님, 시온에서 주님을 찬양함이 마땅한 일이니"라고 번역되었다. 그런데 이것은 희랍어 본문을 따른 것이고 사실 거의 모든 성경의 히브리어 본문은 "하나님, 침묵은 당신께 드리는 찬양이오니"라고 노래한다. 우리의 말과 생각이 멈출 때, 하나님은 우리의 말없는 경탄과 찬양을 통해 찬미받으신다.

하나님과의 친교는 말없이도 가능하다. 우리는 때때로 말없이 기도드릴 수 있다. 하나님께 무엇을 청하는 것도 아니고 감사나 찬양을 드리는 것도 아닌 또다른 형태의 기도도 있다. 시편 131편의 기자는 그냥 고요히 신뢰하는 태도를 보여준다. "내 마음은 고요하고 평온합니다. …… 이스라엘아, 이제부터 영원히 오직 주님만을 의지하여라." 시편은 또 이렇게 노래한다. "젖 뗀 아이가 어머니 품에 안겨 있듯이, 내 영혼도 젖뗀 아이와 같습니다." 영혼이 이런 상태에 이르게 되면 아무 말도 없이 어쩌면 아무 생각조차 없이 기도할 수 있다.

때때로 우리는 겉으로는 침묵하지만 속으로 온갖 생각을 하고 상상 속의 누군가와 혹은 자신과 힘든 싸움을 한다. 어떻게 하면 내적인 침묵에 이를 수 있을까? 마음과 영혼을 가라앉히기 위해서는 단순 소박함이 필요하다. 다시 한 번 시편 131편을 보자. "이제 내가 교만한 마음을 버렸습니다. …… 너무 큰 것을 가지려고 나서지 않으며, 분에 넘치는 놀라운 일을 이루려고도 하지 않습니다." 우리 마음이 온갖 두려움과 걱정으로 혼란스러울 때면 그리스도께서 우리를 도우러 오심을 믿고 기다려야 하겠다. 그분이 풍랑과 호수를 꾸짖으시자 바람은 그치고 아주 고요해졌다(막 4:39 참조). 침묵은 내 힘과 능력이 닿지 않는 것을 주님께 맡기는 것이다. 침묵의 순간은, 그것이 비록 길지 않다 해도, 거룩한 정지, 안식일의 쉼, 걱정을 멈추는 것과 같다.

크게 외치는 소리가 더 잘 들리는 것은 사실이다. 하지만 그런 소리는 우리 마음을 움직이지 못한다. 주님은 일찍이 "부드럽고 조용한 소리" 가운데 엘리야에게 자신을 드러내셨다. 하나님께서 인간에게 말씀하시기 위해 "조용하고 여린 침묵의 소리"를 선택하신 것이다.

하나님의 말씀이 "조용하고 여린 침묵의 소리"가 될 때, 어느 때보다 더 효과적으로 인간의 마음을 변화시킬 수 있다. 시나이 산 위에서 폭풍은 바위를 깨뜨렸지만, 하나님의 침묵의 말씀은 돌같이 굳은 인간 마음을 깨뜨린다.

침묵은 우리가 하나님과 새롭게 만날 수 있도록 준비해 준다. 침묵 가운데 하나님의 말씀은 우리 마음의 비밀스런 구석에까지 와 닿을 수 있다. 침묵 가운데 그것은 "어떤 양날칼보다도 더 날카롭습니다. 그래서, 사람 속을 꿰뚫어 혼과 영을 갈라낼" 만큼(히 4:12) 힘있게 된다. 침묵할 때 우리는 하나님 앞에서 더 이상 숨지 않게 되고 그리스도의 빛은 우리가 부끄러워하는 곳에까지 닿아 그것을 치유하고 변모시킨다.

그래서 떼제의 예배 가운데 자리한 긴 침묵은, 하나님의 말씀과 사랑, 임재로 채워지는 침묵이다. 처음에는 좀 어색할 수 있지만 차츰 익숙해지면 더없이 그윽한 맛을 가져다 준다.

떼제의 찬양

떼제의 예배에서 가장 널리 알려졌고 배우기 쉬운 것은 노래다. 떼제의 노래는 신앙의 근본적인 진리를 몇 마디 말에 담아 쉽게 이해하고 기억할 수 있게 만들어졌다. 여러 차례 반복해서 부를 때 가사를 더 잘 묵상할 수 있고 우리 전 존재 안으로 서서히 파고들어 오게 해 준다. 꼭 몇 번씩 불러야 된다는 규정은 없다. 하지만 그저 두세 번만 부르고 그친다면 묵상적인 성격이 많이 줄어들 것이다. 노래를 부르면서 끝없이 하나님을 찬양하는 마음이 우리 마음속에 불길처럼 스며들어와 거기에 응어

리진 것을 불태워버릴 때 그리스도의 평화와 넘치는 기쁨을 맛보게 된다.

떼제의 찬양은 성가대가 부르고 회중이 듣는 그런 노래가 아니라 모두 함께 부르도록 작곡되었다. 성가대가 있다 하더라도 회중의 노래를 뒷받침하는 역할이어야 한다. 미리 정해둔 선창자가 시작하거나, 마지막 소절을 악기로 연주하면 다함께 노래를 시작한다. 너무 큰 소리로 혹은 흥분하거나 감상적으로 부르지 않고 박자를 잘 맞춰야 한다. 떼제의 노래는 반복해서 부르는 만큼 음이 처지거나 일정한 리듬을 놓치지 않도록 주의한다.

현재 사용 중인 떼제의 노래는 약 1백 50곡가량 되고 매년 새 노래들이 한두 곡씩 추가된다. 대부분은 그냥 부를 수 있지만 악기 반주가 있으면 더 아름답다. 어떤 노래들은 독창을 곁들이면 더 낫고, 독창자가 반드시 필요한 곡도 있다.

아름답게 하지만 소박하게

예배 장소의 장식에서부터 기도문, 음악(찬양)에 이르기까지 아름다움은 소홀히 할 수 없는 중요한 요소다.

예배 장소는 정결하고 따뜻하며 편안한 느낌을 줄 수 있도록 배려한다. 화려하거나 요란한 것은 모두 피한다. 촛불과 꽃, 푸른 잎이 많은 식물, 약간의 천을 이용해서 기도처를 꾸밀 수 있다. 참가자들이 예배 장소에 들어섰을 때 안온하고 환영받는 느낌을 가질 수 있도록 배려한다.

더 아름다운 찬양을 위해 기타나 플루트 등의 악기 반주가 있으면 좋지만 제일 중요한 것은 음성이다. 아카펠라(무반주)의 경우에도 화성을 넣어 부르면 더 아름답다. 그래서 떼제의 노래를 모르는 경우 연습이 좀 필요하다. 장식도 그러하지만 음악도 너무 복잡하거나 어렵지 않아야 한다. 성경 구절도 너무 복잡하거나 어렵지 않은 것을 선택한다. 떼제의 예배에서 기도문은 모두 한두 문장으로 간결하다. 하나님께 설명하고 설득하려는 어투나 문장은 피한다.

예배를 준비하고 인도하는 사람은 참석하는 모든 이를 포용하는 자세가 필요하다. 아름다움과 더불어 단순 소박함을 강조하는 것은 이런 목회적 배려 때문이다. 만약 개교회나 수련회에서 떼제식의 예배를 드릴 때는 처음 참석하는 사람이 너무 어색하거나 소외되지 않도록 미리 설명할 필요가 있다.

예배 순서의 예

성찬식이 없는 예배의 경우 아래와 같은 순서로 드릴 수 있다. 찬양은 떼제 노래로 한 곡당 3분 정도면 적당하다.

Ⅰ. 30분~1시간 이상의 예배
 - 시작 찬양(1~3곡)
 - 시편(노래 혹은 낭독) 구절 사이사이 할렐루야를 노래
 - 성경 말씀
 - 찬양
 - 침묵(약 7~8분)
 - 중보기도와 키리에 엘레이손(주님 자비를 베푸소서)
 - 주기도문
 - 마침기도 혹은 축도
 - 찬양(1~3곡)

Ⅱ. 15~30분 정도의 예배
 - 시작 찬양
 - (할렐루야와 시편)
 - 성경 말씀
 - 찬양 다음 침묵
 - 주기도문(그리고 혹은) 마침기도나 축도
 - 찬양

몇 가지 실제적인 도움말

– 예배 시작 전에 악기 중심의 고전 음악을 잔잔하게 틀어둔다든가 해서 기도하는 분위기를 미리 조성하면 좋다. 예배는 "이제 시작하겠습니다" 하고 사회자가 말하는 순간 시작되는 것이 아니라 각자가 예배처에 도착하는 순간 시작된다. 마칠 때도 모두 동시에 일어나 예배처를 떠나기보다, 원하는 사람은 좀더 머물며 기도할 수 있도록 배려하는 것이 좋다. 참가자들 사이의 나눔이 필요한 경우 예배 시간과 별도로, 가능하다면 다른 장소에서 한다.

– 눈부시게 밝은 조명 대신 따뜻하고 은은한 불빛이, 마이크 소리도 너무 크지 않도록 미리 조절하고 확인해 둔다.

– 자연스럽고 자유롭게 모든 긴장을 풀고 편안한 자세로 기도하면 좋다. 바닥에 앉을 수 있다면 카페트나 방석을 마련한다. 그 경우 바닥에 앉지 못하는 사람을 위해서 약간의 의자를 준비해 둔다. 꿇어앉아도 되지만 굳이 모두가 그렇게 할 필요는 없다. 참석자가 고향에 온 듯이 편안한 느낌을 가질 수 있게 배려한다.

– 둥글게 원형으로 앉는 것보다 다함께 제단을 향하는 것이 좋다. 소규모이거나 마이크가 있다면 선창자나 기도하는 사람이 굳이 회중을 향해서 마주볼 필요가 없다. 우리의 기도를 인도하시는 분은 성령이심을 명심하자.

– 기도 순서에 있어서도 찬양, 성경 읽기, 침묵을 중심으로 시편송, 중보기도, 주기도문, 축도(마침기도) 등이 물 흐르듯 이어지도록 한다. 여러 곡을 이어서 찬양할 때도 노래 사이에 오래 틈이 벌어지지 않도록 주의한다.

– 예배 시간에는 어떤 피상적인 것과도 구별되는 심오함이 있어야 한다. 예배 중에는 필요없는 모든 말이 배제된다. 순서지를 나누어 주었다면 "다음 노래는 몇 번을 부르겠습니다" 따위의 안내도 필요없다. 설명과 광고도 꼭 필요하다면 예배 전이나 이후에 한다.

– 기도문은 가능하면 짧고 간결한 문장이 좋다. 중보기도의 경우에도 하나님을 설득하려는 투나 설명하려는 어투는 배제한다.

나가는 말 : 한국교회에서의 적용 가능성

지금까지 떼제의 예배에서 중요한 몇 요소를 짚어보고 순서와 진행의 실제적인 측면을 간단하게 안내했다. 하지만 실제로 체험해 보지 않고 그냥 그 형식만 모방한다면 원하는 결과를 얻기 어려울 것이다. 다시금 강조하지만 떼제의 예배 방식은 고정된 것이 아니다. 거룩함과 내면성, 아름다움을 염두에 두고 기도에 대한 감수성을 가지고 각각 상황에 맞게 적용해야 한다. 다만 떼제의 방식과 기존의 예배 방식을 절충하는 경우에는 예배 순서가 너무 복잡해지지 않도록 유의할 필요가 있다. 단순 소박함이야말로 떼제의 예배에서 빼놓을 수 없는 특징이기 때문이다.

떼제의 예배는 우리 교회에 어떤 도움을 줄 수 있을까? 한마디로 그것은 기존의 예배를 대체하는 것이 아니라 보완해 줄 수 있다.

한국 개신교회의 예배에 말이 너무 많다고 느끼는 사람들이 늘어간다. 정보와 말의 홍수 속에 사는 현대인들은 마음의 평화와 고요함을 갈구한다. 짧은 기도문과 긴 침묵이 있는 떼제 방식의 예배는 우리의 말을 줄이고 성령께 더 많은 자리를 내어 드리는 것이다. 사실 훌륭한 설교나 강의로 사람들을 감동시킬 수는 있지만 변화시키기는 어렵다. 진정한 변화는 하나님과의 깊은 만남 안에서 이루어진다.

떼제의 예배에 설교가 없다 하더라도 모든 노래가 시편과 성경 말씀에서 따온 것이다. 잘 선택된 성경 말씀을 예배 중에 듣고 침묵 가운데 새기며 찬양을 반복할 때 하나님의 말씀이 우리의 심령에 스며들게 된다. 심오한 공동기도 안에서 듣는 성경 말씀은 설교나 강해가 없이도 그 자체로 우리의 폐부에 와닿을 수 있다. 말씀을 신뢰하자. 떼제의 예배는 참가자가 하나님의 말씀을 더 잘 경청하도록 해 준다.

또 떼제 방식의 예배가 청년들에게 소개된다면 CCM과 밴드 위주의 청년 예배도 더 풍부해질 수 있지 않을까 한다. 참가자가 많지 않은 소규모 예배나, 여러 가지 이유 때문에 음악 시설을 동원할 수 없는 경우에 단순 소박한 떼제의 예배 방식은 실제로 도움이 된다.

  개교회의 수요 예배나 금요 기도회, 수련회, 구역 모임 등에서 단순하면서도 심오한 기도의 맛을 체험할 수 있도록 떼제 방식의 예배를 시도해 보기를 제안한다.

신한열 수사

찾아보기 가나다순

가난한 이 복되다 · 93
거룩하신 하나님 · 54
거룩한 주 이름 · 112
나는 주님의 인자하심을 · 103
나와 함께 · 3
내 기도 들어주소서 주여 · 116
내 맘 속을 · 9
내 맘과 생각 당신께 이끄소서 · 111
내 영 돌보시는 주님 · 106
내 영혼은 평안하다 · 31
내 영혼이 · 20
내 영혼이 · 40
내 혼아 주 안에 쉬어라 · 123
내 혼에 새 힘 주신 · 99
두려워 말라 · 48
두려워 말라, 주 계시니 · 117
목마른 이들 · 60

밀알 하나가 · 122
밤마다 당신 그리는 이 마음 · 121
부활하신 주님 · 100
사랑의 나눔 · 14
사랑의 나눔 · 115
사랑의 주 예수 · 35
새로운 노래로 주 찬양하라 · 102
생명의 샘물 · 13
생명의 샘물 · 51
성령이여 오소서 · 49
아버지 당신 손에 · 29
어두운 맘 속에 · 1
어둠 권세 · 96
어둠도 주님 앞에 · 25
영광 영광 · 6
영원하신 주 찬양하라 · 45
영혼의 귀한 손님 · 105
예수 만민의 구원자 · 95
오 주여 · 28
오소서 성령이여 · 15
온 땅아 주께 · 27
온 세상 만물들아 기뻐하라 · 97

우리 곁에 머무소서 · 114
우리 맘에 평화 · 58
우리는 예수를 · 11
우리와 함께 · 33
위로자신 성령이여 · 12
이 내 한평생 주님 · 104
이 빵을 먹으라 · 118
인자하신 주님 · 91
임하소서 사랑의 주여 · 53
임하소서 성령이여 · 42
자비하신 성령 · 39
저 너머 계신 당신 · 119
주 말씀은 등불 · 109
주 예수 부활 · 38
주 찬양하여라 · 10
주께 마음 드높여 · 24
주께서 부활하셨네 · 47
주님 나라는 · 94
주님 내 맘에 · 98
주님 너를 고치시며 · 113
주님 당신은 제 맘을 · 108
주님 부활하셨네 · 44

주님 사랑은 · 4	찬미의 노래 · 37	Gospodi B · 86
주님 우리 주 예수 · 57	찬미하여라 · 5	Gospodi C · 87
주님 찬양하라 · 16	창조자이신 성령이여 · 22	Gospodi D · 88
주님은 빛이시니 · 8	평화 평화 · 107	Gospodi E · 89
주님은 사랑 · 92	평화를 주소서 · 41	Gospodi F · 90
주님을 기다리며 · 7	평화를 주소서 · 52	Kyrie 1 · 72
주님을 찬양하라 · 23	하늘과 땅 지으신 · 101	Kyrie 5 · 73
주님의 날 · 2	하늘아 땅아 · 120	Kyrie 6 · 74
주님의 손길 · 110	하늘에는 영광이요 · 26	Kyrie 8 · 75
주님의 자비를 영원히 · 55	할렐루야 4 · 61	Kyrie 9 · 76
주님의 평화 · 19	할렐루야 7 · 62	Kyrie 10 · 77
주를 경배하오며 · 21	할렐루야 8 · 63	Kyrie 12 · 78
주를 찬미하나이다 · 18	할렐루야 10 · 65	Kyrie 13 · 79
주를 찬양하나이다 · 43	할렐루야 11 · 64	Kyrie 17 · 80
주를 찬양하라 · 30	할렐루야 16 · 66	Kyrie 18 · 81
주를 찬양하라 · 59	할렐루야 17 · 67	Kyrie 19 · 82
주여 말씀하신 대로 · 32	할렐루야 18 · 68	Kyrie 20 · 83
주여 평화를 주소서 · 50	할렐루야 20 · 69	Kyrie 21 · 84
주여, 주 예수여 · 36	할렐루야 21 · 70	
주의 손에 오늘도 · 34	할렐루야 22 · 71	
주의 십자가를 · 46	항상 주님께 · 17	
즐거이 형제자매 모여서 · 56	Gospodi A · 85	

찾아보기 abc순

Aber du weißt den Weg für mich · 111
Adoramus te Christe · 21
Adoramus te O Christe · 43
Alleluia 4 · 61
Alleluia 7 · 62
Alleluia 8 · 63
Alleluia 10 · 65
Alleluia 11 · 64
Alleluia 16 · 66
Alleluia 17 · 67
Alleluia 18 · 68
Alleluia 20 · 69
Alleluia 21 · 70
Alleluia 22 · 71
Beati voi poveri · 93
Behüte mich, Gott · 110
Benedictus Dominus Deus · 45

Bénissez le Seigneur · 16
Bleib mit deiner Gnade · 114
Bleibet hier · 3
Bless the Lord · 5
Bóg jest miłością · 92
Bonum est confidere · 34
C'est toi ma lampe, Seigneur · 8
Cantarei ao Senhor · 104
Cantate Domino canticum novum · 102
Christe Salvator · 19
Christus resurrexit · 44
Confitemini Domino · 18
Crucem tuam · 46
Da pacem ··· in diebus (canon) · 41
Da pacem cordium (canon) · 52
Dans nos obscurités · 1
De noche · 13
Dominus Spiritus est · 105
Dona la pace Signore · 50
Dona nobis pacem · 58
El alma que anda en amor · 99
El Senyor · 17

Exaudi orationem meam · 116
Fiez-vous en Lui · 117
Frieden, Frieden · 107
Gloria ··· et in terra pax (canon) · 6
Gloria, gloria (canon) · 26
Gospodi A · 85
Gospodi B · 86
Gospodi C · 87
Gospodi D · 88
Gospodi E · 89
Gospodi F · 90
I am sure I shall see · 103
Iedere nacht verlang ik · 121
Il Signore ti ristora · 113
In manus tuas, Pater · 29
In resurrectione tua · 97
Jesu redemptor · 95
Jesus Christ bread of life — Eat this bread · 118
Jésus le Christ · 9
Jesus, remember me · 36
Jubilate cœli (canon) · 59

Jubilate Deo (canon) · 30
Jubilate, Alleluia · 27
Kristus, din Ande · 98
Kyrie 1 · 72
Kyrie 5 · 73
Kyrie 6 · 74
Kyrie 8 · 75
Kyrie 9 · 76
Kyrie 10 · 77
Kyrie 12 · 78
Kyrie 13 · 79
Kyrie 17 · 80
Kyrie 18 · 81
Kyrie 19 · 82
Kyrie 20 · 83
Kyrie 21 · 84
L'ajuda em vindrà · 101
La ténèbre · 25
Laetentur cœli · 120
Laudate Dominum · 10
Laudate omnes gentes · 23
Let all who are thirsty come · 60

Magnificat (canon) · 20
Magnificat (choral) · 40
Mane nobiscum · 33
Misericordias Domini · 55
Mon âme se repose · 31
Nada te turbe · 48
Nebojte se · 96
Notre âme attend · 7
Nunc dimittis · 32
O Christe Domine Jesu · 57
Ô toi l'au-delà de tout · 119
Oculi nostri · 11
Ostende nobis (canon) · 28
Psallite Deo · 37
Rendez grâce au Seigneur · 91
Retourne, mon âme, à ton repos · 123
Sanasi on lamppu · 109
Sanctum nomen Domini · 54
Seigneur, tu gardes mon âme · 106
Singt dem Herrn · 24
Sit nomen Domini · 112
Spiritus Jesu Christi · 35

Surrexit Christus · 38
Surrexit Dominus vere (canon) · 47
The kingdom of God · 94
Toi, tu nous aimes · 51
Tu sei sorgente viva · 39
Tui amoris ignem · 15
Ubi caritas · 14
Ubi caritas Deus ibi est · 4
Veni Creator (canon) · 22
Veni Creator (litany) · 12
Veni lumen (choral) · 42
Veni Sancte Spiritus · 49
Venite, exultemus Domino · 56
Vieni Spirito creatore · 53
Viešpatie, tu viską Žinai · 108
Wait for the Lord · 2
Wysławiajcie Pana · 100
밀알 하나가 · 122
사랑의 나눔 · 115

함께 부르는 떼제 찬양

엮은이_ 떼제공동체
펴낸날_ 2013년 10월 26일 초판1쇄
　　　　2025년 6월 15일 초판8쇄
펴낸이_ 최병천

편집자문_ 신한열 김오성
디자인_ 강면실 윤진선
교　정_ 김영옥
영　업_ 김만선

발행처_ 신앙과지성사
　　　　출판등록 제9-136(88. 1. 13)
　　　　주소 | 서울시 서대문구 연희로177 옥산빌딩 2층
　　　　전화 | 335-6579 · 323-9867 · 323-9866 (F)
　　　　E-mail | miral87@hanmail.net
　　　　홈페이지 | http://www.miral.co.kr/

ISBN 978-89-6907-014-2　04230
ISBN 978-89-6907-012-8　(세트)

값 5,000원

※ 떼제공동체와 신앙과지성사의 독점계약으로 출판한 책이므로 허락 없이 이 책의 전체나 부분을 어떤 수단으로도 이용할 수 없습니다.
※ 악보 제공 및 번역_ 떼제공동체

작곡(Music)_ Jacques Berthier (1-3, 5-26, 28, 31-32, 34-38, 40, 42-44, 46-55, 57-59, 61-65, 72-79, 96, 114-115, 117, 122)
　　　　　　 Taizé (27, 29, 33, 39, 45, 56, 60, 67, 69-71, 80, 82-84, 92-95, 97-113, 116, 118-121, 123)
　　　　　　 J. Gelineau (4)
　　　　　　 M. Franck (41)
　　　　　　 M. Praetorius (30)
　　　　　　 S. Toolan (66, 81)
　　　　　　 정교회곡 (85-86)
　　　　　　 정교회 떼제 편곡 (68, 87-91)

© Ateliers et Presses de Taizé, 2013
71250, Taizé Community, France

신앙과지성사의 쉽게 쓴 시리즈
생각하는 크리스천들의 친구

이덕주 교수가 쉽게 쓴
한국 교회 이야기
에피소드 60개로 이해하는
한국 교회가 걸어온 길

이 책은 한국 기독교 한 세기 역사를 담되 모든 사건과 사실을 자세히 다루기보다는 역사의 맥을 잡는 데 도움을 줄 수 있는 중요한 사건과 인물을 소개하는 60개의 에피소드를 중심으로 정리하였다.

163×210mm | 360쪽 | 값 15,000원

김홍기 총장이 쉽게 쓴
세계 교회 이야기
한 권으로 이해하는
세계 기독교의 흐름!

2천년 동안 세계의 교회는 어떻게 맥을 이어왔는가? 역사는 과거와 현재의 부단한 대화요 내일을 창조하는 에너지이다. 진단하고 개혁해야 할 오늘의 교회문제들도 기독교 2천년의 역사와 대화함으로써 해결할 수 있다.

163×210mm | 352쪽 | 값 14,000원

이천진 목사가 쉽게 쓴
찬송가 이야기
은혜로운 찬송가
우리에게 오기까지

찬송은 어떻게 흘러 왔나, 성서에는 어떻게 나타나 있나, 한국 교회 찬송가의 어제와 오늘을 조명해 보면서 한국 찬송가가 나아가야 할 길을 재미있고 유익하게 제시하고 있다. 찬송가 작곡자인 저자가 혼신의 노력을 기울인 화제작.

163×210mm | 312쪽 | 14,000원

박찬희 교수가 쉽게 쓴
동방정교회 이야기
동방정교회,
제대로 이해하기

동방의 기독교, 동방정교회는 서방교회인 개신교, 로마 가톨릭교회와 나란히 기독교 역사와 신앙의 또 다른 줄기로 이어져 오고 있다. 동방정교회의 역사와 신학, 그리고 그들의 신앙은 어떤 얼굴을 하고 있을까?

163×210mm | 352쪽 | 15,000원

이후정 교수가 쉽게 쓴
기독교 영성 이야기
예수와 만나는 참된
영성의 길잡이

삶으로 소화하려는 신앙적 깊이와 진지한 노력, 현실에 안주하지 않고 좁은 길을 가는 구도자의 자세, 영적 스승들과의 내적 교감과 사랑의 대화 속에서 들리는 아름다운 소리를 담고 있다.

163×210mm | 376쪽 | 15,000원

김기석의 기도
내 영혼의 작은 흔들림

이해인 · 권오서 추천
수녀   CBS이사장   방송 CD수록

기도는 우리가 잠시 세상을 떠나 하나님의 집으로 들어가는 것이다.
기도는 나의 삶과 세상을 변화시킨다.

김기석의 기도는 CBS 기독교방송을 통해 때로는 아픔을 싣고 때로는 슬픔과 고독을 싣고 방방곡곡 이웃을 찾아 전달 되었고 함께 머리 숙였다. 삶이 참 막막할 때, 모든 것이 부질없다고 느껴질때 이 책은 진실한 벗이 되어 준다.

김기석 지음 | 올 컬러판 | 130×195mm | 216쪽 | 11,000원

이덕주 교수의
한국 영성 새로 보기

12명의 영성가들과 함께 나누는 신앙의 신비함

한국 교회가 위기에 처해 있다는 말이 지속되는 현실에서 이 위기를 자초한 원인을 선인들의 삶과 영성을 통해 반추해 볼 수 있다. 정경옥, 이세종, 이명직, 이용도, 최태용, 김교신, 신석구, 주기철, 송창근, 김재준, 김세지, 전삼덕의 영성과 만나게 된다.

이덕주 지음 | 153×223mm | 326쪽 | 13,000원

불멸의 신학자
디트리히 본회퍼의 모든 것!

나를 따르라
예수의 명령을 따라
본회퍼와 함께 가는 신앙의 순례길

이신건 옮김 | 125×190mm | 384쪽 | 12,000원

디트리히 본회퍼 묵상52
새 희망을 찾아
본회퍼와 함께 하는 행복한 일상

이신건 옮김 | 125×190mm | 344쪽 | 13,000원